AF590343

TABLEAUX D'ARITHMÉTIQUE

OU

INTRODUCTION

A L'ÉTUDE PRATIQUE ET THÉORIQUE DU CALCUL

PAR J. B. RAUBER

INSTITUTEUR

(Tous les exemplaires dont le premier Tableau ne sera pas revêtu de la signature de l'auteur, seront réputés contrefaits).

METZ

M. ALCAN, IMPRIMEUR-LIBRAIRE, RUE DE LA CATHÉDRALE, 1

PARIS

BORRANI ET DROZ, LIBRAIRES, RUE DES SAINTS-PÈRES, 9

1855

TABLEAUX D'ARITHMÉTIQUE,

Par J.-B. RAUBER.

1. — L'arithmétique est une science qui traite des nombres, elle enseigne à les former, à les lire et à les écrire.

NUMÉRATION.

Avis. — 1° *Le maître ou le moniteur fera compter les ronds comme ils sont disposés ci-dessous.* — 2° *Il fera représenter les ronds par le nombre correspondant de billes, de jetons ou d'autres objets.*

un

0

deux

0 0

trois

0 0 0

quatre

0 0 0 0

cinq

0 0 0 0 0

six

0 0 0 0 0 0

sept

0 0 0 0 0 0 0

huit

0 0 0 0 0 0 0 0

neuf

0 0 0 0 0 0 0 0 0

2. — L'unité simple est une (seule) des choses que l'on compte.
3. — Il y a autant d'unités simples qu'il y a de choses qui peuvent être comptées.
4. — Pour écrire les unités simples, il ne faut qu'un seul chiffre.
5. — Les chiffres sont des signes qui représentent les nombres.

Avis. — *L'élève indiquera la valeur des chiffres ci-après par le même nombre de ronds, de billes, de jetons.*

1	2	3	4	5	6	7	8	9	0
maisons	arbres	francs	tableaux	crayons	hommes	chiens	poules	plumes	bœufs
6	9	5	1	7	8	3	2	0	4
7	3	8	5	2	4	0	6	9	1

METZ. — IMPRIMERIE ET LIBRAIRIE DE M. ALCAN, RUE DE LA CATHEDRALE, 1.

(N° 2.) (N° 2.)

TABLEAUX D'ARITHMÉTIQUE,

PAR J.-B. RAUBER.

LES DIXAINES.

6. — La DIXAINE ou unité du deuxième ordre est la réunion de *dix* unités simples.
7. — On compte par *dixaines* comme on compte par unités simples.
8. — Il faut deux chiffres pour écrire les nombres de dixaines.
9. — L'unité simple ou l'unité du premier ordre occupe le premier rang à droite.
10. — La dixaine occupe le deuxième rang à gauche.

(2) dixaines.	(1) unités.	VAUT.
:	1	unité simple.
1	0	unités simples.

dixaines ou quatre-vingt-dix.	dixaines ou quatre-vingts.	dixaines ou soixante-dix.	dixaines ou soixante.	dixaines ou cinquante.	dixaines ou quarante.	dixaines ou trente.	dixaines ou vingt.	dixaine ou dix.
90	80	70	60	50	40	30	20	10

TABLEAU DES DIXAINES.

NOMBRES A LIRE ET A ÉCRIRE.

DIXAINES.	Nombres intermédiaires entre les dixaines.								
10	11	12	13	14	15	16	17	18	19
20	21	22	23	24	25	26	27	28	29
30	31	32	33	34	35	36	37	38	39
40	41	42	43	44	45	46	47	48	49
50	51	52	53	54	55	56	57	58	59
60	61	62	63	64	65	66	67	68	69
70	71	72	73	74	75	76	77	78	79
80	81	82	83	84	85	86	87	88	89
90	91	92	93	94	95	96	97	98	99

NOTA. *Ce tableau doit être appris par cœur par les commençants.*

METZ. — IMPRIMERIE ET LIBRAIRIE DE M. ALCAN, RUE DE LA CATHÉDRALE, 1.

(N° 3.) (N° 3.)

TABLEAUX D'ARITHMÉTIQUE,

PAR J.-B. RAUBER.

EXERCICES.

NOMBRES A LIRE ET A ÉCRIRE.

livres	pommes	fèves	cerises	brebis	moutons	ânes	chats
21	65	36	28	86	89	53	24
12	56	63	82	68	98	35	42

écoliers	fenêtres	habits	bottes	souliers	matelas	chaises	bancs
96	93	45	85	23	48	18	16
69	39	54	58	32	84	81	61

ares	mètres	stères	litres	oies	canards	poules	coqs
26	78	67	46	34	19	79	57
62	87	76	64	43	91	97	75

gerbes	fagots	oiseaux	chevaux	bœufs	poires	veaux	lapins
38	41	13	59	37	52	49	27
83	14	31	95	73	25	94	72

NOMBRES A DÉCOMPOSER.

EXEMPLES:

22 maisons font { 2 dixaines de maisons et 2 unités de maisons } ou bien { 20 maisons et 2 maisons.

24 moutons font { 20 moutons et 4 moutons.

66 francs font { 60 francs et 6 francs.

85 crayons font { 80 crayons et 5 crayons.

44 fleurs font { 40 fleurs et 4 fleurs.

soldats	officiers	régiments	encriers	canifs	fourneaux
11	22	33	44	55	66

bonnets	chapeaux	épingles	mouchoirs	chemises	cravates
77	88	99	72	95	86

Par ces procédés le maître peut démontrer la valeur du même chiffre selon le rang qu'il occupe. Ces exercices pourront être faits avec avantage sur les nombres de 3, 4, 5, 6, chiffres, etc.

METZ. — IMPRIMERIE ET LIBRAIRIE DE M. ALCAN, RUE DE LA CATHÉDRALE, 1.

(N° 4.) (N° 4.)

TABLEAUX D'ARITHMÉTIQUE,

PAR J.-B. RAUBER.

LES CENTAINES.

11. — La centaine ou unité du troisième ordre est la réunion de dix dixaines ou de cent unités simples.

12. — On compte par centaines comme on compte par dixaines et par unités simples.

13. — Il faut trois chiffres pour écrire les nombres de centaines.

14. — La centaine occupe le troisième rang à gauche.

---

(3) centaines.	(2) dizaines.	(1) unités.	VAUT
. . . . .	. .	1	unité simple.
. . . . .	1	0	unités simples.
1	0	0	unités simples.

900	800	700	600	500	400	300	200	100
centaines ou neuf cents.	centaines ou huit cents.	centaines ou sept cents.	centaines ou six cents.	centaines ou cinq cents.	centaines ou quatre cents.	centaines ou trois cents.	centaines ou deux cents.	centaine ou cent.

EXERCICES.

NOMBRES A LIRE, A ÉCRIRE ET A DÉCOMPOSER.

oranges	citrons	fraises	groseilles	rues	maisons
682	179	438	905	460	228
villes	**villages**	**chemins**	**sentiers**	**églises**	**cloches**
505	872	701	437	313	404
arbres	**ouvriers**	**assiettes**	**cuillers**	**fourchettes**	**bouteilles**
139	239	975	294	684	319
escaliers	**rivières**	**ruisseaux**	**crayons**	**ardoises**	**tuiles**
876	239	807	985	741	222
plumes	**clés**	**portes**	**tables**	**chambres**	**prunes**
810	618	309	406	924	619

METZ. — IMPRIMERIE ET LIBRAIRIE DE M. ALCAN, RUE DE LA CATHÉDRALE, 1.

TABLEAUX D'ARITHMÉTIQUE,

Par J.-B. RAUBER.

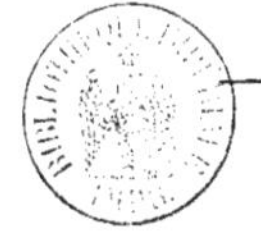

LES MILLE.

15. — Le mille ou unité du quatrième ordre est la réunion de dix centaines ou de cent dixaines ou de mille unités simples.

16. — On compte par mille comme on compte par centaines, par dixaines et par unités simples.

17. — Il faut quatre chiffres pour écrire les nombres de mille.

18. — Le mille occupe le quatrième rang à gauche.

(4) mille.	(3) centaines.	(2) dixaines.	(1) unités.	VAUT
			1	unité simple.
		1	0	unités simples.
	1	0	0	unités simples.
1	0	0	0	unités simples.

mille.	mille.	mille.	mille.	mille.	mille.	mille.	mille.	mille.
9000	8000	7000	6000	5000	4000	3000	2000	1000

NOMBRES A LIRE, A ÉCRIRE ET A DÉCOMPOSER.

chandeliers	chandelles	mouchettes	lampes	mèches	lanternes	briquets
1001	2010	3465	4128	7375	8148	4012
pierres à feu	fagots	tisons	pots	couvercles	chaudrons	seaux
3020	8606	1040	1059	1396	4444	5109
cuveaux	tonneaux	barils	soufflets	balais	pincettes	cercles
4130	1637	9605	3674	6802	1910	5040
fléaux	fourches	rateaux	charrues	herses	chariots	roues
4006	6112	4136	9794	9101	1245	1090
limons	essieux	charettes	brouettes	carrosses	échelles	échelons
7008	4327	5108	3991	4128	9999	8989
caves	brides	selles	étriers	éperons	fouets	bètes
7625	8199	9137	4997	8264	5385	2665

METZ. — IMPRIMERIE ET LIBRAIRIE DE M. ALCAN, RUE DE LA CATHEDRALE, 1.

(N° 6.) (N° 6.)

TABLEAUX D'ARITHMÉTIQUE,

PAR J.-B. RAUBER.

LES DIXAINES DE MILLE.

19. — La dixaine de mille ou unité du cinquième ordre est la réunion de dix *mille* ou de cent centaines ou de mille dixaines ou de dix mille unités simples.

20. — On compte par dixaines de mille comme on compte par mille, par centaines, par dixaines et par unités simples.

21. — Il faut cinq chiffres pour écrire les nombres de dixaines de mille.

22. — La dixaine de mille occupe le cinquième rang à gauche.

(5) dixaine de mille.	(4) mille.	(3) centaines.	(2) dixaines.	(1) unités.	VAUT
				1	unité simple.
			1	0	unités simples.
		1	0	0	unités simples.
	1	0	0	0	unités simples.
1	0	0	0	0	unités simples.

NOMBRES A LIRE, A ÉCRIRE ET A DÉCOMPOSER.

chevaux	étalons	juments	poulains	lièvres	lapins
86 354	96 240	56 105	64 265	40 503	96 104
ânes	ânesses	ânons	mulets	taureaux	bœufs
82 571	61 083	10 640	93 062	30 405	86 213
vaches	veaux	génisses	moutons	brebis	béliers
70 140	50 080	98 000	72 004	91 050	40 005
agneaux	chèvres	boucs	chevreaux	porcs	chiens
68 263	95 080	38 007	12 458	30 645	21 008
sangliers	chats	souris	chouettes	rats	taupes
71 246	81 395	40 005	30 800	70 190	70 040
singes	lions	chameaux	tigres	éléphants	ours
28 109	53 104	60 104	53 085	12 345	67 890

METZ. — IMPRIMERIE ET LIBRAIRIE DE M. ALCAN, RUE DE LA CATHÉDRALE, 1.

TABLEAUX D'ARITHMÉTIQUE,

Par J.-B. RAUBER.

LES CENTAINES DE MILLE.

23. — La centaine de mille ou unité du sixième ordre est la réunion de dix dixaines de *mille* ou de cent *mille* ou de mille centaines ou de dix mille dixaines ou de cent mille unités simples.

24. — On compte par centaines de mille comme on compte par dixaines de mille, par mille, par centaines, par dixaines et par unités simples.

25. — Il faut six chiffres pour écrire les nombres de centaines de mille.

26. — La centaine de mille occupe le sixième rang à gauche.

(6) centaines de mille.	(5) dixaines de mille.	(4) mille.	(3) centaines.	(2) dixaines	(1) unités.	VAUT
					1	unité simple.
				1	0	unités simples.
			1	0	0	unités simples.
		1	0	0	0	unités simples.
	1	0	0	0	0	unités simples.
1	0	0	0	0	0	unités simples.

NOMBRES A LIRE, A ÉCRIRE ET A DÉCOMPOSER.

oiseaux	canards	pinsons	chardonnerets	hirondelles
465 234	104 956	374 825	601 458	602 035
alouettes	fauvettes	rossignols	mésanges	bécasses
280 305	280 800	104 300	900 445	980 670
cailles	perdrix	merles	grives	corbeaux
726 329	369 501	300 803	100 400	450 300
pies	aigles	hiboux	chouettes	perroquets
879 429	562 594	798 759	358 697	562 146
paons	poules	dindons	coqs	pigeons
399 847	937 625	972 774	829 924	999 999

METZ. — IMPRIMERIE ET LIBRAIRIE DE M. ALCAN, RUE DE LA CATHÉDRALE 1.

(Nº 8.) (Nº 8.)

TABLEAUX D'ARITHMÉTIQUE,

PAR J.-B. RAUBER.

TABLEAU des divers ordres d'unités avec leurs dixaines et leurs centaines, rangés en groupes de trois chiffres.

GROUPES

	6ᵉ	5ᵉ	4ᵉ	3ᵉ	2ᵉ	1ᵉʳ	
	centaines dixaines **Quatrillons.**	centaines dixaines **Trillons.**	centaines dixaines **Billions.**	centaines dixaines **Millions.**	centaines dixaines **Mille.**	centaines dixaines **Unités.**	
A GAUCHE	000 ·	000 ·	000 ·	000 ·	000 ·	000	A DROITE

NOMBRES A LIRE ET A ÉCRIRE

Nombre	
7 · 523 · 825	francs.
94 · 804 · 123	litres.
800 · 145 · 393	ares.
5 · 126 · 000 · 400	mètres.
853 · 010 · 700 · 000	feuilles.
51 · 000 · 420 · 532 · 145	minutes.
7 · 216 · 439 · 156 · 427 · 000	secondes.
945 · 000 · 325 · 100 · 000 · 004	étoiles.

27. — Pour lire un nombre écrit en chiffres, on le partage par des points en groupes de trois chiffres, en allant de droite à gauche, jusqu'au dernier groupe, qui peut parfois ne contenir qu'un ou deux chiffres; on lit ensuite successivement, en commençant par la gauche, chaque groupe comme s'il était seul, en ayant soin de lui donner le nom de son unité.

METZ. — IMPRIMERIE ET LIBRAIRIE DE M. AL[illegible]N, [illegible] DE LA CATHÉDRALE, 1.

TABLEAUX D'ARITHMÉTIQUE,

Par J.-B. RAUBER.

LES DÉCIMALES.

28. — Les *décimales* ou fractions décimales, sont les *dixièmes*, les *centièmes*, les *millièmes*, les *dix-millièmes*, les *cent-millièmes*, les *millionièmes* d'une unité quelconque.

29. — Le *dixième* est DIX fois plus petit que *l'unité*. L'unité vaut par conséquent 10 *dixièmes*.

30. — Le *centième* est CENT fois plus petit que l'unité. L'unité vaut par conséquent 100 *centièmes*.

31. — Le *millième* est MILLE fois plus petit que l'unité. L'unité vaut par conséquent 1000 *millièmes*, etc.

Les décimales sont séparées des unités par une virgule [,]

Les *dixièmes* occupent le PREMIER rang à droite de la virgule.

Les *centièmes* occupent le DEUXIÈME rang à droite de la virgule.

Les *millièmes* occupent le TROISIÈME rang à droite de la virgule, etc.

TABLEAU DÉMONSTRATIF.

unité.	dixièmes.	centièmes.	millièmes.	dix-millièmes.	cent-millièmes.	millionièmes.
0,	(1)	(2)	(3)	(4)	(5)	(6)
0,	**1**	:	:	:	:	:
0,	**0**	**1**	:	:	:	:
0,	**0**	**0**	**1**	:	:	:
0,	**0**	**0**	**0**	**1**	:	:
0,	**0**	**0**	**0**	**0**	**1**	:
0,	**0**	**0**	**0**	**0**	**0**	**1**

NOMBRES A LIRE ET A ÉCRIRE.

unités.	dixièmes.	centièmes.	millièmes.	dix-millièmes.	cent-millièmes.	millionièmes.
0,	(1)	(2)	(3)	(4)	(5)	(6)
4,	**5**	:	:	:	:	:
7,	**8**	**5**	:	:	:	:
2,	**3**	**1**	**6**	:	:	:
25,	**3**	**9**	**5**	**5**	:	:
75,	**8**	**0**	**0**	**4**	**9**	:
8,	**0**	**5**	**2**	**0**	**7**	**5**

METZ. — IMPRIMERIE ET LIBRAIRIE DE M. ALCAN, RUE DE LA CATHÉDRALE, 1.

(N° **10.**) (N° **10.**)

TABLEAUX D'ARITHMÉTIQUE,

Par J.-B. RAUBER.

32. — Pour lire un nombre décimal ou une fraction décimale écrite en chiffres, on partage les décimales en groupes de trois chiffres à partir de la virgule ; on dit sur le 1er groupe, *millièmes*, sur le 2e, *millioniènes*, sur le 3e, *billioniènes*, et sur le 4e, *trillioniènes* ; ensuite on énonce chaque groupe comme un nombre entier.

TABLEAU DÉMONSTRATIF.

GROUPES

	1er	2e	3e	4e	
UNITÉS.	MILLIÈMES.	MILLIONIÈMES.	BILLIONIÈMES.	TRILLIONIÈMES.	
0 ,	000 ·	000 ·	000 ·	000	etc.

NOMBRES A LIRE ET A ÉCRIRE.

Remarque. ***Lorsqu'à la droite d'un groupe de décimales il manque 1 ou 2 chiffres, on suppose ce groupe terminé par 1 ou 2 zéros, et on le lit comme s'il était complet.***

0 , 000 · 000 · 000 · 000

25 , 365

8 , 654 · 32 ·

149 , 590 · 000 · 423

3 , 054 · 802 · 900 · 53 ·

2 , 800 · 005 · 342 · 819

---

3 , 4 kilogr.	94 , 165 mètres	34 , 5485792 Myriam.
3 , 56 stères.	9 , 39654 Myriag.	7 , 0045 hectares.

METZ. — IMPRIMERIE ET LIBRAIRIE DE M. ALCAN, RUE DE LA CATHÉDRALE, 1.

(N° 11.) (N° 11.)

TABLEAUX D'ARITHMÉTIQUE,

PAR J.-B. RAUBER.

33. — On appelle *nombre entier*, un nombre qui ne renferme que des unités entières.

34. — On appelle *nombre décimal*, un nombre qui renferme des unités entières et des décimales.

35. — On appelle *fraction décimale*, un nombre qui ne renferme que des décimales.

EXERCICES.

***Faire connaître* les *nombres entiers*, les *nombres décimaux* et les *fractions décimales* qui se trouvent ci-après.**

francs	mètres	ares	chevaux	stères
3654	0, 45	35, 845	7448	3, 6
kilogr.	soldats	francs	hectares	arbres
24, 75	854	0, 157	0, 378	36
grammes	Myriam.	hectolitres	Décagr.	litres
0, 718	0, 35	9, 174	4375	0, 8

36. — Pour rendre un nombre entier écrit en chiffres, 10 fois, 100 fois, 1000 fois, 10000 fois, etc., plus grand, on écrit, selon le cas, 1 ou 2 ou 3 ou 4 zéros à la droite de ce nombre.

Rendre les nombres ci-après* 10 *fois,* 100 *fois,* 1000 *fois ou* 10000 *fois plus grands.

fagots	hommes	œufs	livres	épingles
75	8429	8	621	25436
20	1009	3	72	4360

37. — Pour rendre un nombre décimal ou une fraction décimale 10 fois, 100 fois, 1000 fois, 10000 fois plus grand, on avance la virgule, selon le cas, de 1 rang, de 2 rangs, de 3 rangs, ou de 4 rangs vers la droite.

Rendre les nombres ci-après* 10 *fois,* 100 *fois,* 1000 *fois ou* 10000 *fois plus grands.

hectomètres	hectares	ares	stères
34, 582	7, 2945	0, 185	35, 417
Myriam.	mètres	Décastères	francs
0, 9327	18, 0005	8, 040	0, 3245

METZ. — IMPRIMERIE ET LIBRAIRIE DE M. ALCAN, RUE DE LA CATHÉDRALE, 1.

TABLEAUX D'ARITHMÉTIQUE,

Par J.-B. RAUBER.

38. — **Pour rendre un nombre entier qui est terminé à droite par 1, 2, 3 ou 4 zéros, 10 fois, 100 fois 1000 fois ou 10000 fois plus petit, on supprime, selon le cas, 1 ou 2 ou 3 ou 4 zéros sur la droite de ce nombre.**

Rendre les nombres ci-après **10** *fois,* **100** *fois ou* **1000** *fois plus petits.*

3370	4200	6000	33260
9090	4000	3200	85000

39. — **Pour rendre un nombre entier qui n'est pas terminé à droite par zéro, 10 fois, 100 fois ou 1000 fois plus petit, on sépare au moyen d'une virgule, 1 ou 2 ou 3 chiffres sur la droite de ce nombre, qui devient alors nombre décimal ou fraction décimale.**

Rendre les nombres ci-après **10** *fois,* **100** *fois ou* **1000** *fois plus petits.*

346	95	6283	7524	28
93	842	7285	3418	9

40. — **Pour rendre un nombre décimal ou une fraction décimale 10 fois, 100 fois ou 1000 fois plus petit, on recule, selon le cas, la virgule de 1 rang, de 2 rangs ou de 3 rangs vers la gauche.**

Rendre les nombres ci-après **10** *fois,* **100** *fois ou* **1000** *fois plus petits.*

Myriagr.	kilogr.	hectogr.	Décagr.
435, 8	92, 75	84, 365	2, 8543
grammes	décigrammes	centigrammes	milligrammes
2, 146	9, 4	8, 275	3256, 2

METZ. — IMPRIMERIE ET LIBRAIRIE DE M. ALCAN, RUE DE LA CATHÉDRALE, 1.

(N° 13.) (N° 13.)

TABLEAUX D'ARITHMÉTIQUE,

PAR J.-B. RAUBER.

41. — Pour calculer on fait quatre opérations qui sont: l'*addition*, la *soustraction*, la *multiplication*, la *division*.

42. — L'addition est une opération par laquelle on réunit plusieurs nombres en un seul appelé *somme* ou *total*.

TABLEAU D'ADDITION

A ÉTUDIER PAR CŒUR.

renards			loups			chevreuils		
1 et	1 font	2	2 et	1 font	3	3 et	1 font	4
1	2	3	2	2	4	3	2	5
1	3	4	2	3	5	3	3	6
1	4	5	2	4	6	3	4	7
1	5	6	2	5	7	3	5	8
1	6	7	2	6	8	3	6	9
1	7	8	2	7	9	3	7	10
1	8	9	2	8	10	3	8	11
1	9	10	2	9	11	3	9	12

APPLICATIONS

à faire par l'élève soit sur le tableau noir, soit sur l'ardoise, soit sur le cahier.

couteaux

1	2	3	2	1	2	3	1	3
7	2	5	6	3	9	8	2	2
.	.	.	.	.	..	..	.	.

bonnets

3	1	2	3	2	1	2	3	1
7	5	8	3	3	9	5	1	6
..	.	..	.	.	..	.	.	.

crayons

1	2	3	1	3	2	2	3	1
8	7	6	4	9	4	1	4	1
.	.	.	.	..	.	.	.	.

METZ. — IMPRIMERIE ET LIBRAIRIE DE M. ALCAN, RUE DE LA CATHÉDRALE, 1.

TABLEAUX D'ARITHMÉTIQUE,

PAR J.-B. RAUBER.

SUITE DE LA TABLE D'ADDITION

A ÉTUDIER PAR CŒUR.

chats			poules			chiens		
4 et	1 font	5	5 et	1 font	6	6 et	1 font	7
4	2	6	5	2	7	6	2	8
4	3	7	5	3	8	6	3	9
4	4	8	5	4	9	6	4	10
4	5	9	5	5	10	6	5	11
4	6	10	5	6	11	6	6	12
4	7	11	5	7	12	6	7	13
4	8	12	5	8	13	6	8	14
4	9	13	5	9	14	6	9	15

APPLICATIONS

noix

5	4	6	4	6	6	5	4	6
9	6	6	9	8	3	5	4	9
..	..	..	..	..	.	.	.	..

pommes

6	4	5	6	4	5	6	4	5
7	2	6	4	7	3	2	8	1
..	.	..	..	..	.	.	..	.

poires

4	5	6	4	5	6	4	5	6
1	7	1	5	2	8	4	3	5
.	..	.	.	.	..	.	.	..

METZ. — IMPRIMERIE ET LIBRAIRIE DE M. ALCAN, RUE DE LA CATHÉDRALE, 1.

(N° 15.) (N° 15.)

TABLEAUX D'ARITHMÉTIQUE,

Par J.-B. RAUBER.

SUITE DE LA TABLE D'ADDITION

A ÉTUDIER PAR CŒUR.

canaris			pigeons			souris		
7 et	1 font	8	8 et	1 font	9	9 et	1 f.	10
7	2	9	8	2	10	9	2	11
7	3	10	8	3	11	9	3	12
7	4	11	8	4	12	9	4	13
7	5	12	8	5	13	9	5	14
7	6	13	8	6	14	9	6	15
7	7	14	8	7	15	9	7	16
7	8	15	8	8	16	9	8	17
7	9	16	8	9	17	9	9	18

APPLICATIONS.

arbres

8	9	7	9	8	7	9	8	7
7	5	4	4	9	7	7	8	5
. .	. .	. .	. .	. .	. .	. .	. .	. .

fleurs

7	8	9	8	7	9	8	7	8
9	2	9	4	2	1	5	6	3
. .	. .	. .	. .	.	. .	. .	. .	. .

roses

8	7	9	7	8	9	9	7	9
6	8	2	3	1	3	8	1	6
. .	. .	. .	. .	. .	. .	. .	.	. .

METZ. — IMPRIMERIE ET LIBRAIRIE DE M. ALCAN, RUE DE LA CATHÉDRALE, 1.

(N° 16.) (N° 16.)

TABLEAUX D'ARITHMÉTIQUE,

Par J.-B. RAUBER.

EXERCICES SUR L'ADDITION.

**43 — L'addition s'indique par le signe (+) qui signifie *plus;* le signe (=) signifie *égale*.
Exemple : 4 f. + 3 f. = 7 f., c'est-à-dire 4 francs plus 3 francs égalent 7 francs.**

maisons	arbres	cerises	fèves	ares	stères
3	5	8	7	3, 5	5, 2
5	6	7	6	4, 6	7, 9
4	4	9	4	8, 4	3, 4
. .	. .	. .	. .	. . ., .	. . ., .

fusils	pistolets	sabres	francs	hectares	mètres
2	9	4	2, 5	9, 1	1, 4
8	3	5	8, 9	8, 5	5, 8
6	8	3	7, 4	6, 4	3, 9
5	6	8	8, 7	3, 2	7, 4
. .	. .	. .	. . ., .	. . ., .	. . ., .

4 5 3	9 2 0	3 5, 4 5	9 4 3, 4
6 2 7	3 4 5	8, 2	6 7 5, 8
4 9 0	9 8 2	1 7, 9 3	8 0 2,
8 5 3	7 5 1	2, 1 7	9 2 7, 5
. . . . .	. . . . .	. . ., . .	. . . . ., .

9 6 4 8 2 5	1 4 5 6, 3 5 2
6 8 2 4 4 0	9 4 0 7, 6 8
4 3 9 2 7 4	3 8 6 0, 0 5 8
8 7 8 6 5 8	2 0 0 4, 9 1 3
5 9 3 2 8 5	8 6 9 5, 4 3 2
9 7 2 3 4 6	8 6 2 7, 5 4 8
8 0 7 0 1 0	2 8 2 6, 0 5 3
. . . .	. . . . . ., ...

METZ. — IMPRIMERIE ET LIBRAIRIE DE M. ALCAN, RUE DE LA CATHÉDRALE, 1.

 (N° 17.)

TABLEAUX D'ARITHMÉTIQUE,

Par J.-B. Rauber.

43. — La soustraction est une opération par laquelle on retranche un nombre d'un autre. Le résultat de cette opération s'appelle *reste*, *excès* ou *différence*.

44. — La soustraction s'indique par le signe (—) qui signifie moins. Ce signe exprime que le nombre placé à droite doit être retranché de celui qui est à gauche.

TABLE DE SOUSTRACTION.

1 moins 1	reste	0	2 moins 2	reste	0	3 moins 3	reste	0
2 — 1		1	3 — 2		1	4 — 3		1
3 — 1		2	4 — 2		2	5 — 3		2
4 — 1		3	5 — 2		3	6 — 3		3
5 — 1		4	6 — 2		4	7 — 3		4
6 — 1		5	7 — 2		5	8 — 3		5
7 — 1		6	8 — 2		6	9 — 3		6
8 — 1		7	9 — 2		7			
9 — 1		8						

4 moins 4	reste	0	5 moins 5	reste	0	6 moins 6	reste	0
5 — 4		1	6 — 5		1	7 — 6		1
6 — 4		2	7 — 5		2	8 — 6		2
7 — 4		3	8 — 5		3	9 — 6		3
8 — 4		4	9 — 3		4			
9 — 4		5						

7 moins 7	reste	0	8 moins 8	reste	0	9 moins 9	reste	0
8 — 7		1	9 — 8		1			
9 — 7		2						

EXERCICES.

francs	poires	écoliers	litres	mètres
58	65	36	29,85	436,80
34	14	12	18,65	25,60
. .	. .	. .	. . . .	. . . . . .

METZ. — IMPRIMERIE ET LIBRAIRIE DE M. ALCAN, RUE DE LA CATHÉDRALE, 1.

(N° 18.) (N° 18.)

TABLEAUX D'ARITHMÉTIQUE,

PAR J.-B. RAUBER.

EXERCICES PRATIQUES SUR LA SOUSTRACTION.

grand nombre	4 8 7 9 6
petit nombre	1 5 3 4 2
reste, excès ou différence	3 3 4 5 4

noix	fraises	cerises	soldats
3 7 6 4	9 4 6 5	7 8 4 3	3 2 7 5
3 7 6 4	3 6 6 2	5 6 2 0	2 0 0 0
. . . .	. . . .	. . . .	. . . .

années	mois	jours
2 8 5 3 4 9	9 2 4 0 5 1	6 1 4 9 5 4
2 5 4 6 5 3	8 6 5 8 3	2 8 7 9 2 8
. . . . . .	. . . . . .	. . . . . .

secondes
4 5 9 6 2 8 4 0 1 3 9 5
3 8 9 2 9 1 4 0 5 7 0 8
. . . .

grammes	décamètres
3 5, 4 8 2 7	3 9 7 6 5, 0 4 0 5
1 3, 8 2 6 5	2 7 9 4 0, 6 9 8 3
. . . . . .	. . . .

METZ. — IMPRIMERIE ET LIBRAIRIE DE M. ALCAN, RUE DE LA CATHÉDRALE, 1.

(N° 19.) (N° 19.)

TABLEAUX D'ARITHMÉTIQUE,

PAR J.-B. RAUBER.

45. — La *multiplication* est une opération par laquelle on répète un nombre appelé *multiplicande* autant de fois qu'il y a d'unités dans un autre nombre appelé *multiplicateur*.

TABLE DE MULTIPLICATION

A ÉTUDIER PAR CŒUR.

raisins			glands			bottes		
1 fois	1 font	1	2 fois	1 font	2	3 fois	1 font	3
1	2	2	2	2	4	3	2	6
1	3	3	2	3	6	3	3	9
1	4	4	2	4	8	3	4	12
1	5	5	2	5	10	3	5	15
1	6	6	2	6	12	3	6	18
1	7	7	2	7	14	3	7	21
1	8	8	2	8	16	3	8	24
1	9	9	2	9	18	3	9	27

APPLICATIONS.

brochets	carpes	écrevisses	mouches	pierres	sauterelles	fourmis	chenilles
7	6	3	8	3	5	9	5
1	2	3	3	2	1	2	3
.	. .	.	. .	.	.	. .	.

abeilles	vers	grenouilles	abeilles	meules	moulin	aiguilles	corbeilles
8	3	6	5	6	1	2	2
2	1	3	2	1	1	3	2
. .	.	. .	. .	.	.	.	.

ciseaux	bottines	feuilles	pages	lignes	mots	étoiles	épis
9	7	9	4	7	8	4	4
1	2	3	1	3	1	3	2
.	. .	. .	.	. .	.	. .	.

METZ. — IMPRIMERIE ET LIBRAIRIE DE M. ALCAN, RUE DE LA CATHÉDRALE, 1.

(N° 20.) (N° 20.)

TABLEAUX D'ARITHMÉTIQUE,

Par J.-B. RAUBER.

SUITE DE LA TABLE DE MULTIPLICATION

A ÉTUDIER PAR CŒUR.

plumes			pages			mots		
4 fois	1 font	4	5 fois	1 font	5	6 fois	1 font	6
4	2	8	5	2	10	6	2	12
4	3	12	5	3	15	6	3	18
4	4	16	5	4	20	6	4	24
4	5	20	5	5	25	6	5	30
4	6	24	5	6	30	6	6	36
4	7	28	5	7	35	6	7	42
4	8	32	5	8	40	6	8	48
4	9	36	5	9	45	6	9	54

APPLICATIONS.

pépins	pêches	prunes	noisettes	figues	raisins	poires	rues	villages
8	5	4	1	9	7	2	8	3
4	5	6	5	4	6	4	5	6
. .	. .	. .	.	. .	. .	. .	. .	. .

pommes	fraises	gâteaux	vases	lits	berceaux	matelas	chandelles	pots
4	5	2	7	8	8	4	4	9
4	6	5	4	5	6	6	3	6
. .	. .	. .	. .	. .	. .	. .	. .	. .

cercles	balais	robinets	caves	fouets	chevaux	chats	souris	livres
5	1	5	7	1	6	5	2	6
6	6	4	5	4	6	9	6	4
. .	.	. .	. .	. .	. .	. .	. .	. .

METZ. — IMPRIMERIE ET LIBRAIRIE DE M. ALCAN, RUE DE LA CATHÉDRALE, 1.

 (N° 21.)

TABLEAUX D'ARITHMÉTIQUE,

Par J.-B. RAUBER.

SUITE DE LA TABLE DE MULTIPLICATION.

poiriers			pommiers			pruniers		
7 fois	1 font	7	8 fois	1 font	8	9 fois	1 font	9
7	2	14	8	2	16	9	2	18
7	3	21	8	3	24	9	3	27
7	4	28	8	4	32	9	4	36
7	5	35	8	5	40	9	5	45
7	6	42	8	6	48	9	6	54
7	7	49	8	7	56	9	7	63
7	8	56	8	8	64	9	8	72
7	9	63	8	9	72	9	9	81

APPLICATIONS.

branches

3	6	1	9	4	8	5	7	6
9	7	8	8	7	9	8	7	9
. .	. .	.	. .	. .	. .	. .	. .	. .

arbres

9	5	8	2	4	3	7	8	3
9	9	6	7	9	8	9	8	7
. .	. .	. .	. .	. .	. .	. .	. .	. .

chênes

8	5	2	1	6	1	4	2	7
7	7	8	9	8	7	8	9	8
. .	. .	. .	. .	. .	.	. .	. .	. .

A ÉTUDIER PAR CŒUR.

12	12	12	12	12	12	12	12	12
1	2	3	4	5	6	7	8	9
12	24	36	48	60	72	84	96	108

METZ. — IMPRIMERIE ET LIBRAIRIE DE M. ALCAN, RUE DE LA CATHÉDRALE, 1.

TABLEAUX D'ARITHMÉTIQUE,

PAR J.-B. RAUBER.

46. — Le *multiplicande* est le nombre que l'on répète autant de fois que l'indique le *multiplicateur*.
47. — Le *multiplicateur* est le nombre qui indique combien de fois on répète le *multiplicande*.
48. — Le *multiplicande* et le *multiplicateur* sont appelés les *facteurs du produit*.
49. — Le produit du *multiplicande* par chaque chiffre du *multiplicateur* est appelé *produit partiel*.
50. — Le *résultat* de la multiplication s'appelle *produit total*.
51. — Le signe de la multiplication est (×), qui signifie *multiplié par*. Il indique que le nombre à gauche est le *multiplicande* et que le nombre à droite est le *multiplicateur*.

EXERCICE.

multiplicande.	6 4 2 5 3	Facteurs du produit.
multiplicateur.	4 3 2	
	1 2 8 5 0 6	1er produit partiel.
	1 9 2 7 5 9	2e id.
	2 5 7 0 1 2	3e id.
	2 7 7 5 7 2 9 6	produit total.

MODÈLES D'EXERCICES PRATIQUES.

4 8 mesures	5 9 pièces	1 6 3 francs	7 2 1 4 ares
7	4	9	5
. . .	. . .	. . . .	. . . . .

1 5 6 stères	2 5 6 4 grammes	8 0 4 3 litres	1 7 0 5 mètres
3 2	4 3	1 8	3 6
. . .	. . . .	. . . .	. . . .
. . .	. . . .	. . . .	. . . .

4 8 7 5 6 2 8 3 9	4 8 7 5 6 2 8 3 9
5 0 3 2	9 8 7 6

METZ. — IMPRIMERIE ET LIBRAIRIE DE M. ALCAN, RUE DE LA CATHÉDRALE, 1.

TABLEAUX D'ARITHMÉTIQUE,

Par J.-B. RAUBER.

52. — **La division est une opération par laquelle on cherche combien de fois un nombre nommé *dividende* contient de fois un autre nombre appelé *diviseur*.**

La division consiste aussi à partager un nombre en parties égales.

en 1	il y a 1	fois 1
2	2	1
3	3	1
4	4	1
5	5	1
6	6	1
7	7	1
8	8	1
9	9	1

en 2	il y a 1	fois 2
4	2	2
6	3	2
8	4	2
10	5	2
12	6	2
14	7	2
16	8	2
18	9	2

en 3	il y a 1	fois 3
6	2	3
9	3	3
12	4	3
15	5	3
18	6	3
21	7	3
24	8	3
27	9	3

en 4	il y a 1	fois 4
8	2	4
12	3	4
16	4	4
20	5	4
24	6	4
28	7	4
32	8	4
36	9	4

en 5	il y a 1	fois 5
10	2	5
15	3	5
20	4	5
25	5	5
30	6	5
35	7	5
40	8	5
45	9	5

en 6	il y a 1	fois 6
12	2	6
18	3	6
24	4	6
30	5	6
36	6	6
42	7	6
48	8	6
54	9	6

en 7	il y a 1	fois 7
14	2	7
21	3	7
28	4	7
35	5	7
42	6	7
49	7	7
56	8	7
63	9	7

en 8	il y a 1	fois 8
16	2	8
24	3	8
32	4	8
40	5	8
48	6	8
56	7	8
64	8	8
72	9	8

en 9	il y a 1	fois 9
18	2	9
27	3	9
36	4	9
45	5	9
54	6	9
63	7	9
72	8	9
81	9	9

METZ. — IMPRIMERIE ET LIBRAIRIE DE M. ALCAN, RUE DE LA CATHÉDRALE, 1.

TABLEAUX D'ARITHMÉTIQUE,

PAR J.-B. RAUBER.

53. — Le *dividende* est le nombre que l'on divise ou que l'on partage en un certain nombre de parties égales.

54. — Le *diviseur* est le nombre par lequel on divise ou par lequel on partage le *dividende* en un certain nombre de parties égales.

55. — Le *dividende* et le *diviseur* sont aussi appelés les deux *termes* de la division.

56. — Le *résultat* de la division est appelé *quotient*.

57. — Le signe de la division est (:) qui signifie *divisé par*. Il indique que le nombre qui est à gauche doit être divisé par celui qui est à droite.

EXERCICES PRATIQUES SUR LA DIVISION.

```
Dividende. 4 5 6 3 9 | 3           diviseur.
           1 5       | 1 5 2 1 3   quotient.
               6
                 3
                   9
                   0
```

```
2 4 8 | 4        1 8 4 5 | 1 5        2 3 5 4 | 2 4
  .   | . . .            | . . .              | . . .
    .
```

```
4 1 6 8 5 0 4 3 5 | 3 7 5
```

FIN DE LA 1re PARTIE.

METZ. — IMPRIMERIE ET LIBRAIRIE DE M. ALCAN, RUE DE LA CATHÉDRALE, 1.

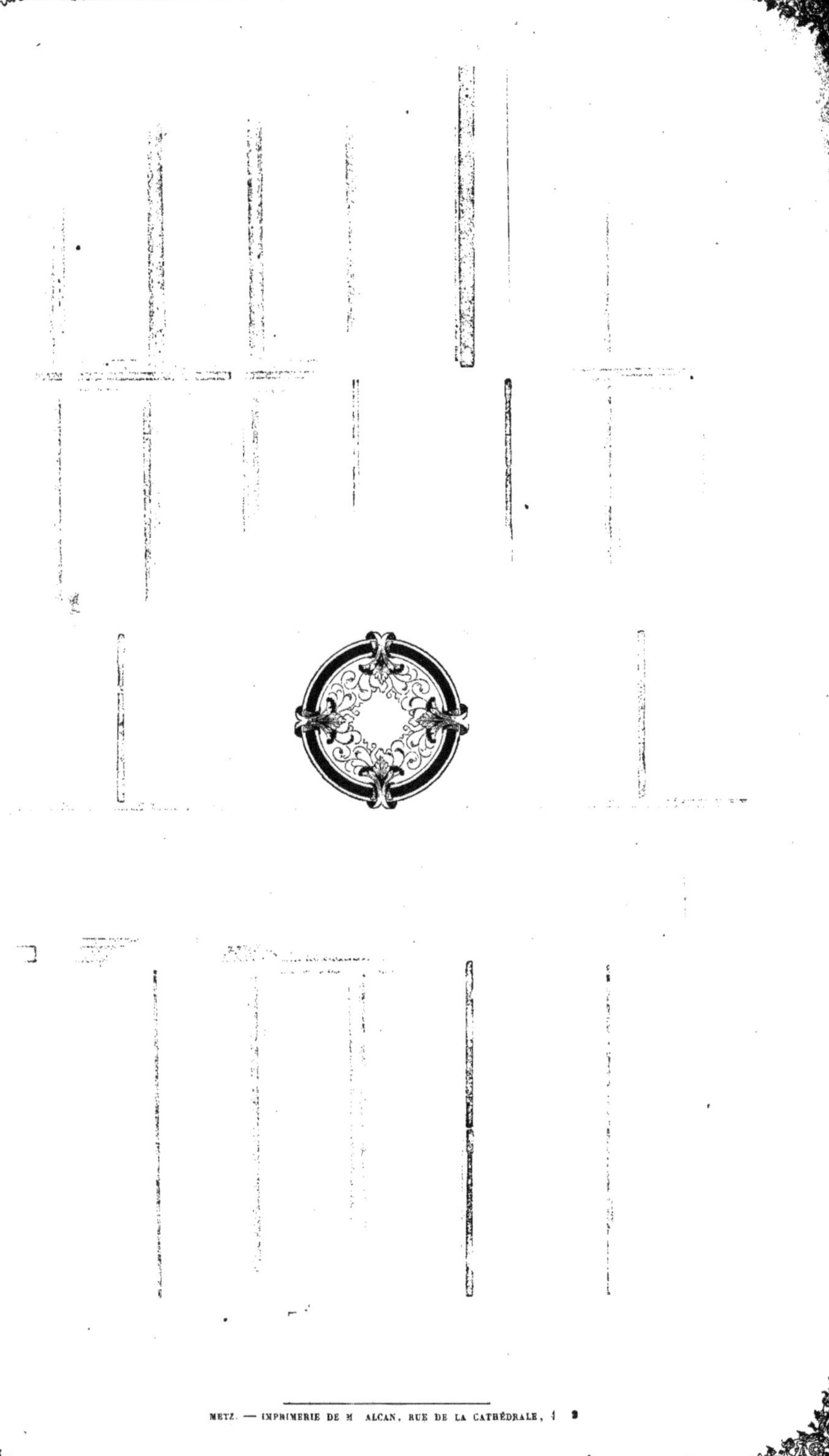

METZ. — IMPRIMERIE DE M ALCAN, RUE DE LA CATHÉDRALE, 1 9

www.ingramcontent.com/pod-product-compliance
Ingram Content Group UK Ltd.
Pitfield, Milton Keynes, MK11 3LW, UK
UKHW021950260726
13994UKWH00004B/1655